Ge Samma **FÄRG** Tummen Upp

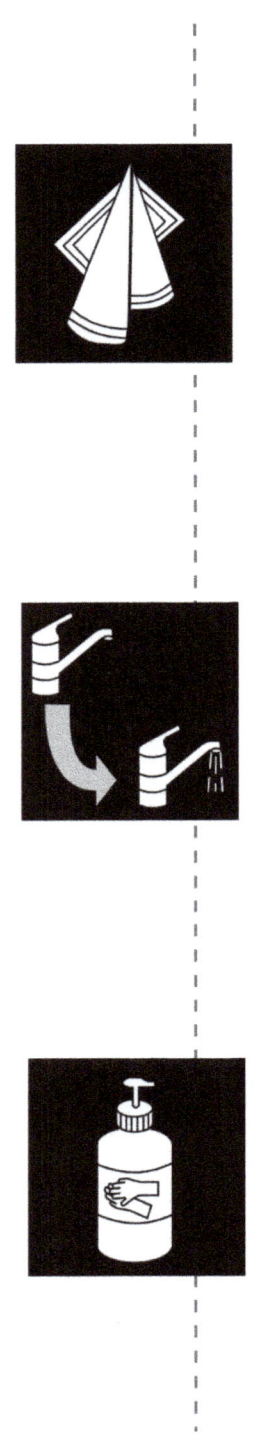
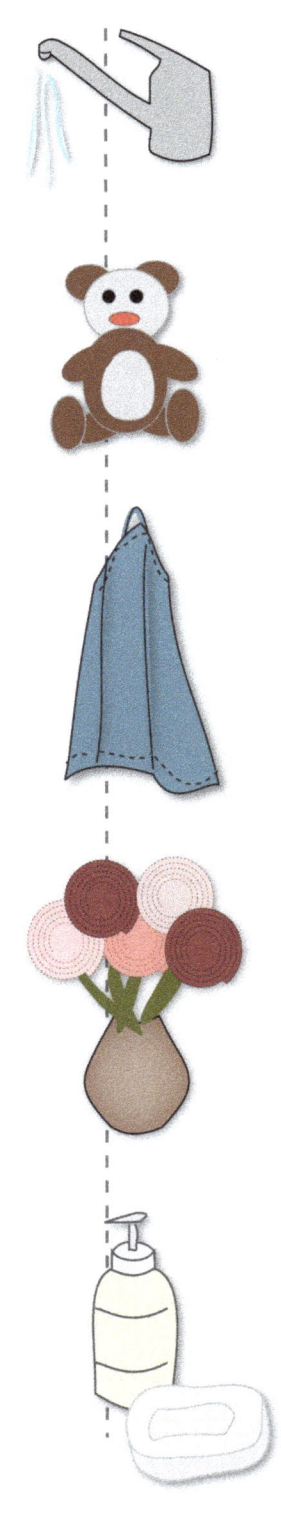

 Hitta samma! Varför behöver vi det?

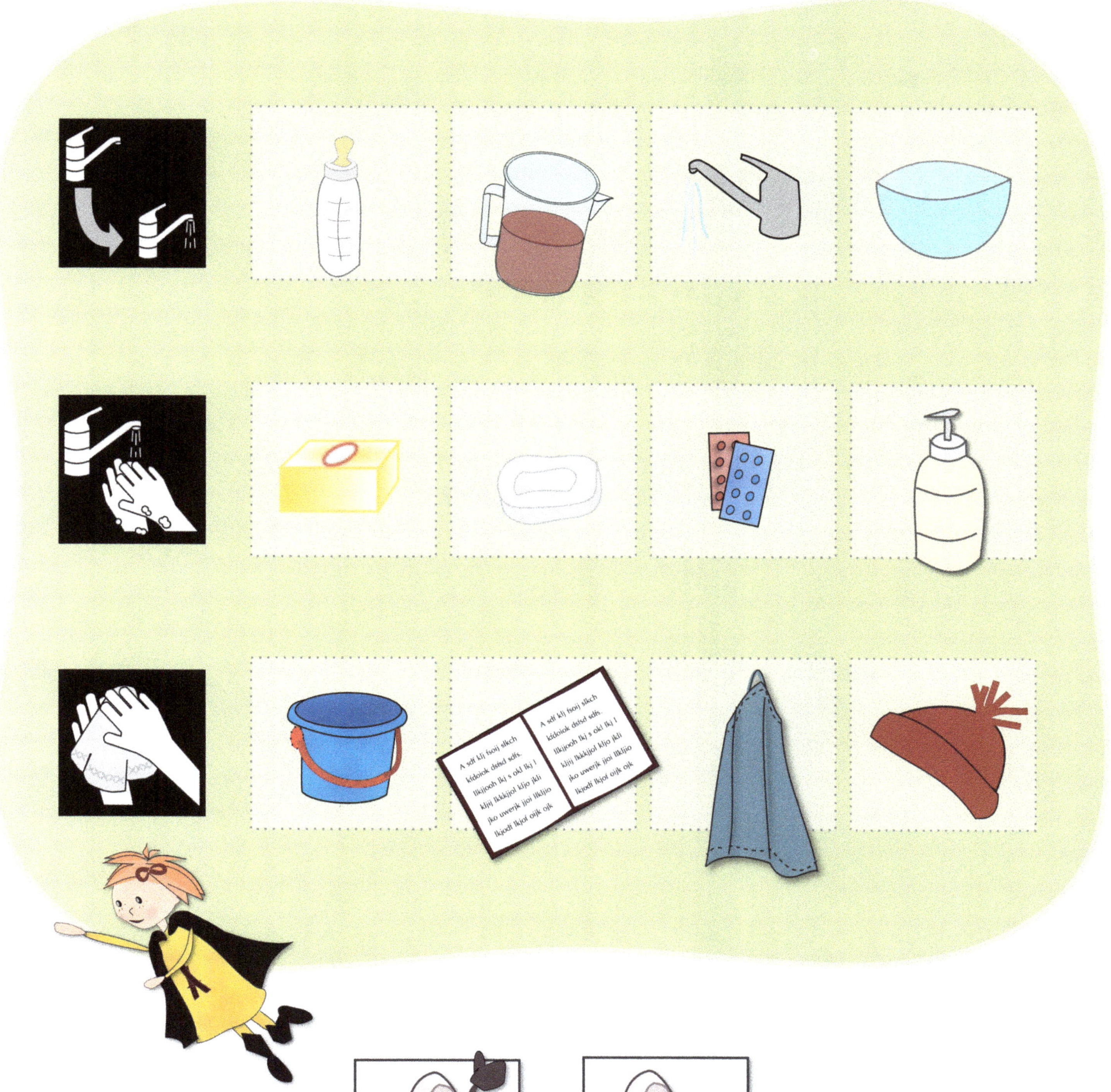

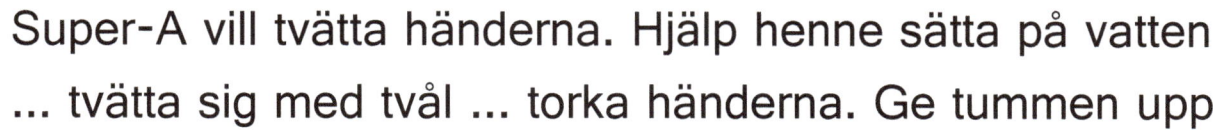

Super-A vill tvätta händerna. Hjälp henne sätta på vatten ... tvätta sig med tvål ... torka händerna. Ge tummen upp!

Hitta ALLA

FÖRST　　　　SEN

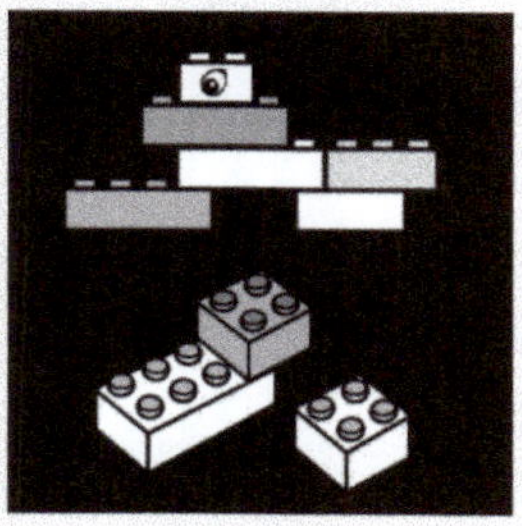

Anton vill baka ... bygga Lego ... äta.
Men först: Måste Anton tvätta händerna eller inte?
(Klipp ut och använd piktogrammen från sista sidorna.)

FÖRST　　　　　　　SEN

Super-A har målat med sina vattenfärger ...
Måste Super-A tvätta händerna då? Varför?

FÖRST　　　　　SEN

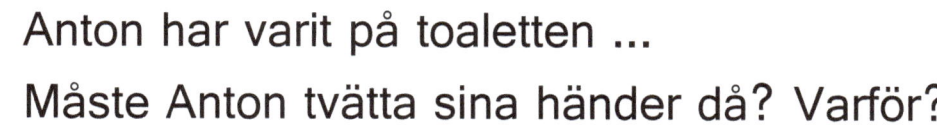

Anton har varit på toaletten ...
Måste Anton tvätta sina händer då? Varför?

Hitta ALLA

Alla vill tvätta händerna!
Hjälp dem vänta på sin tur. Vem får ta tvål först?
(Klipp ut personkorten i slutet och lägg i ordnng.)

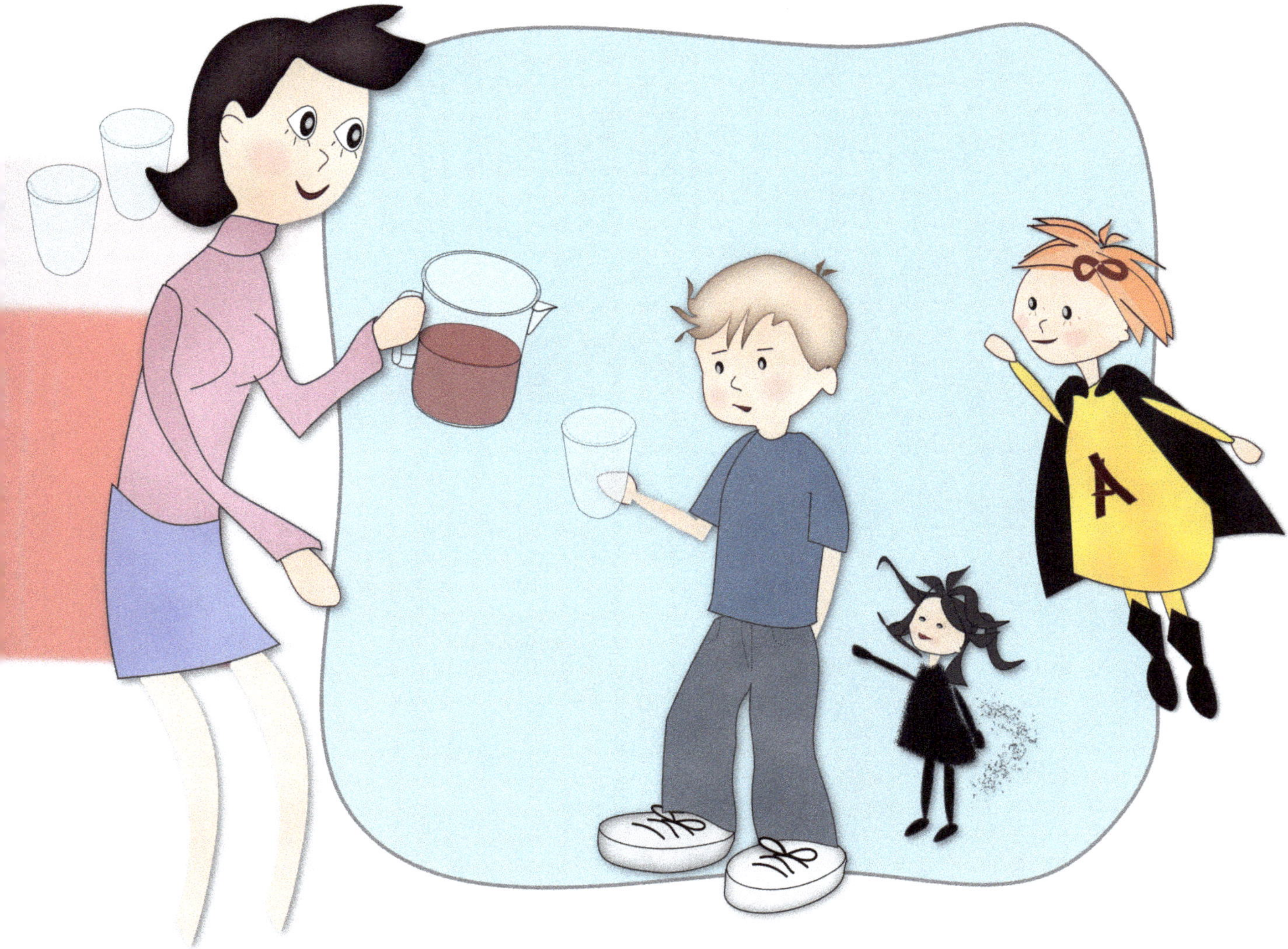

Alla vill dricka!
Hjälp dem vänta på sin tur. Vem får dricka först?

1	2	3

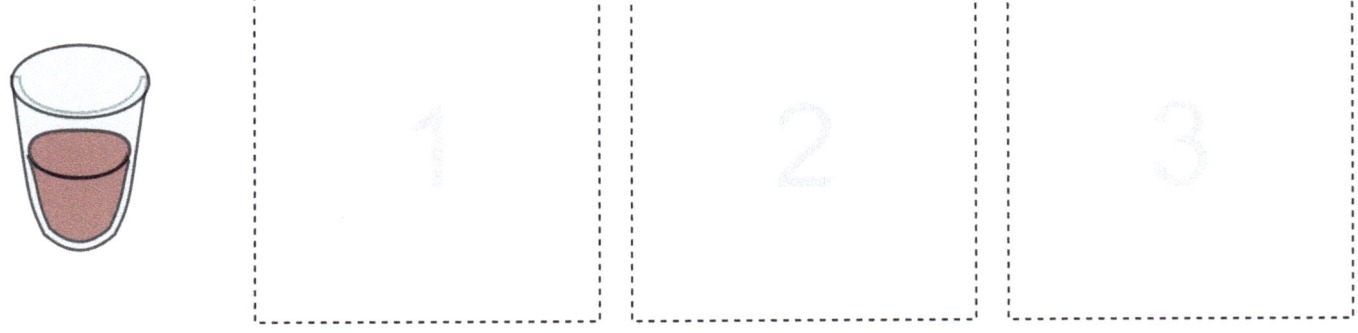

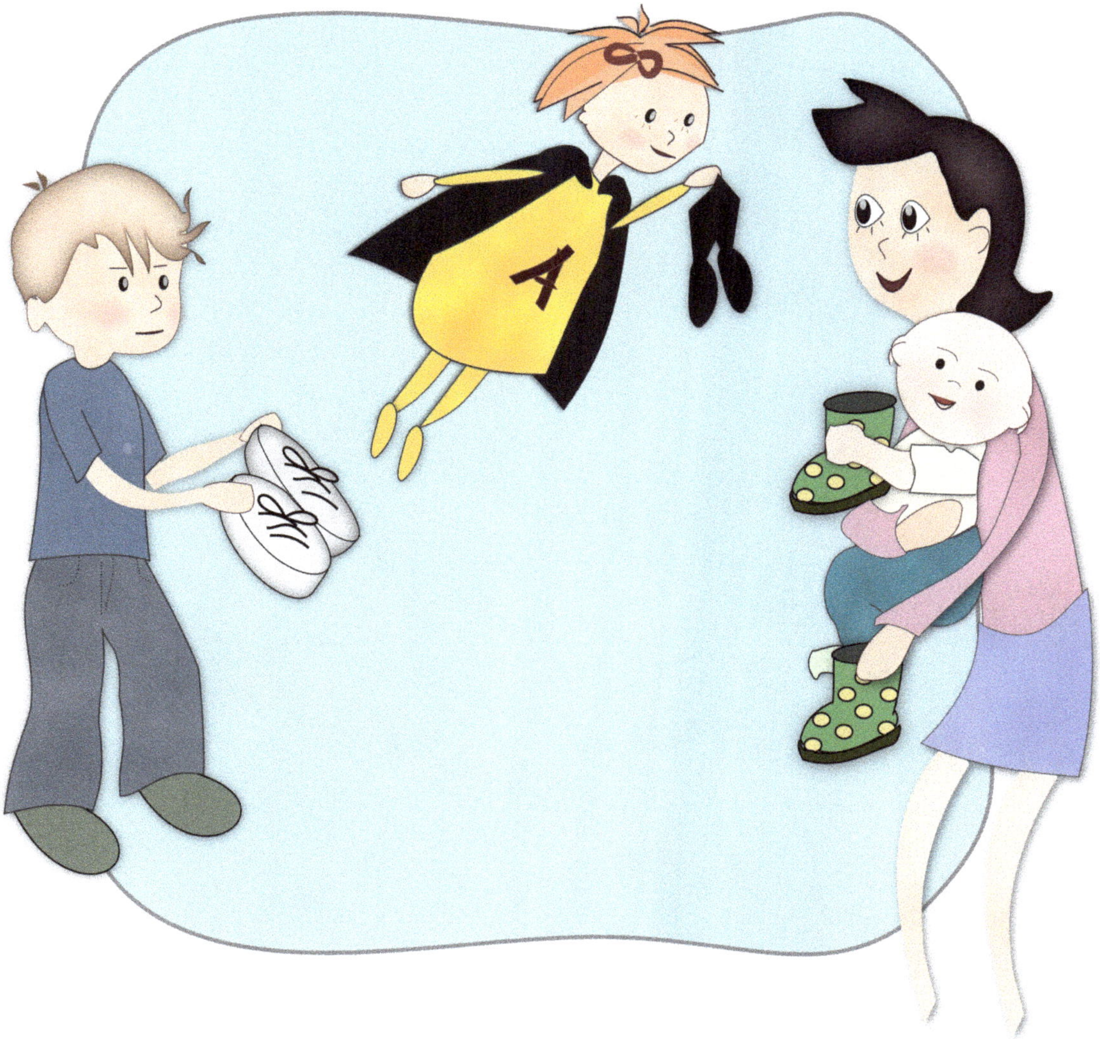

Alla vill att mamma hjälper dem på med skorna!
Hjälp dem vänta på sin tur. Vem får på skorna först?

1 2 3

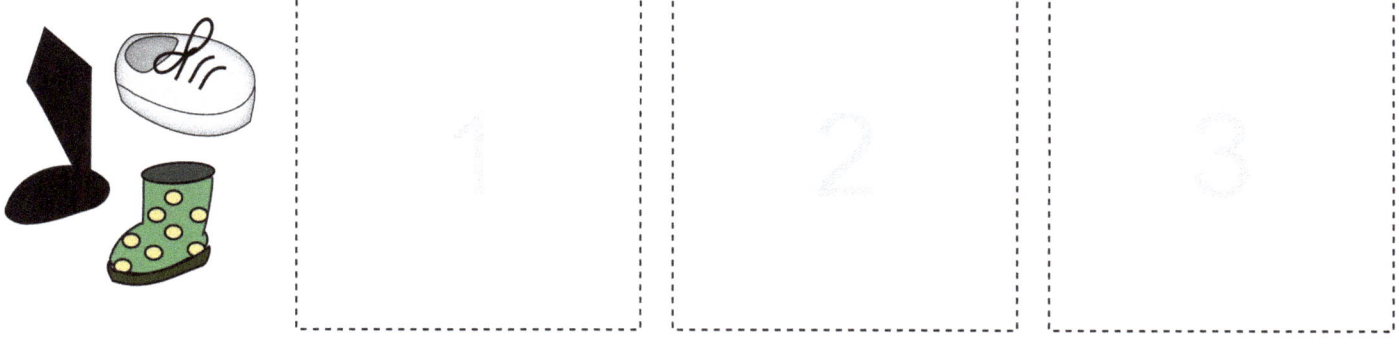

Super-A vill tvätta sina händer.
Vad hör inte till? Ge tummen ner!

Super-A vill tvätta sina händer.
Hitta vad hon behöver då!

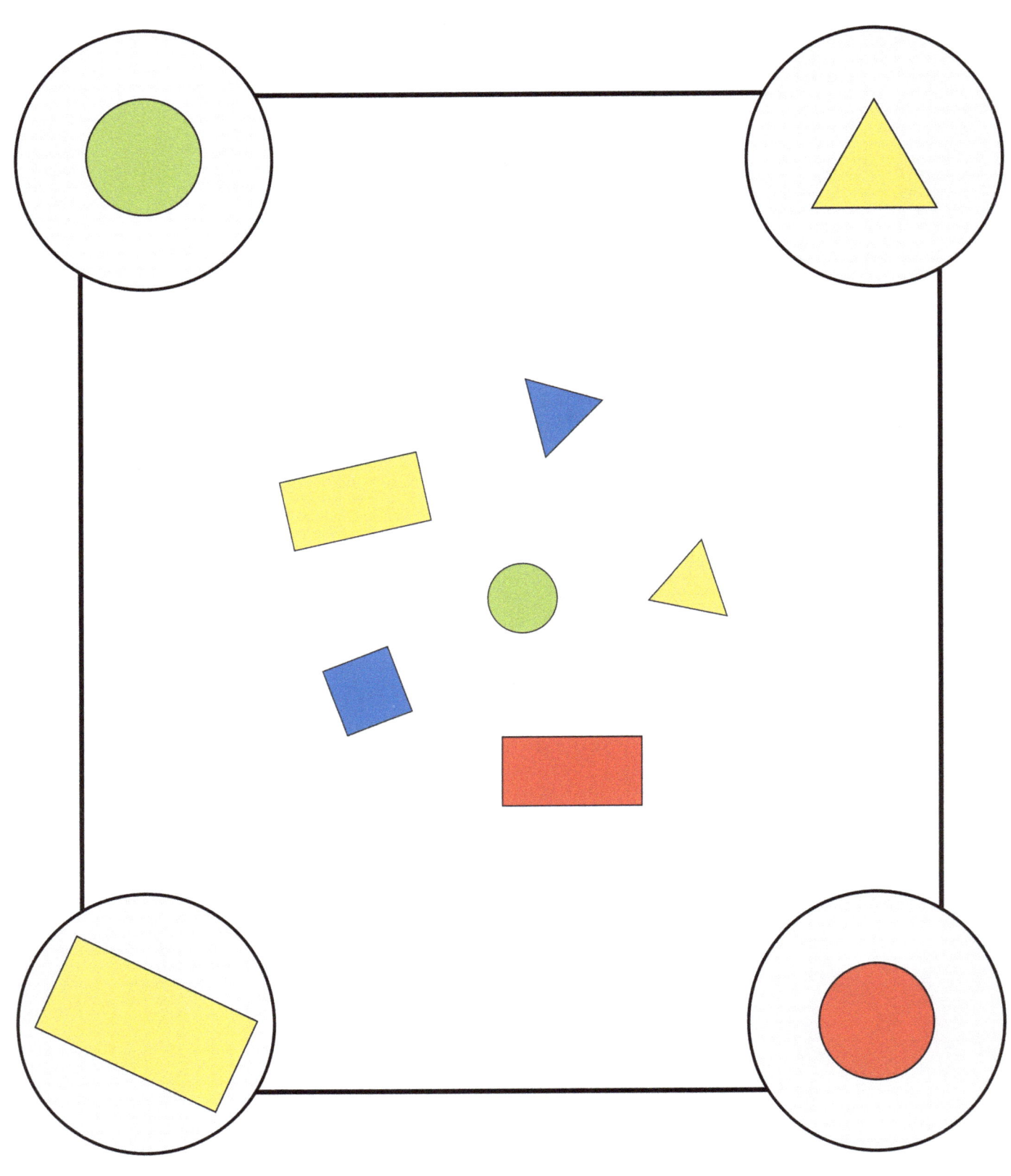

Hitta ? Samma

 Vänta! Anton och Super-A kan inte fika än.
Vad måste mamma duka fram först?

 ELLER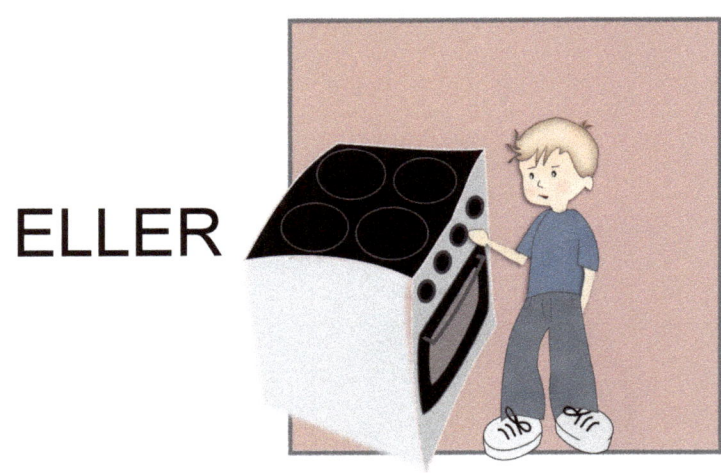

 ELLER

 Vänta! Vem ska göra det? Varför?
Ge tummen upp ... eller ner.

ELLER

ELLER

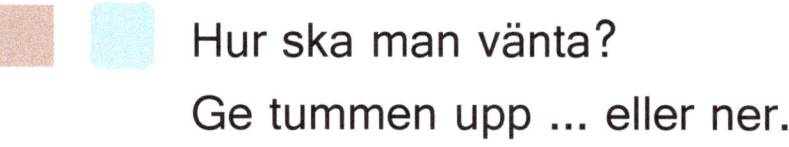

Hur ska man vänta?
Ge tummen upp ... eller ner.

hitta 4 KLOSSAR att bygga

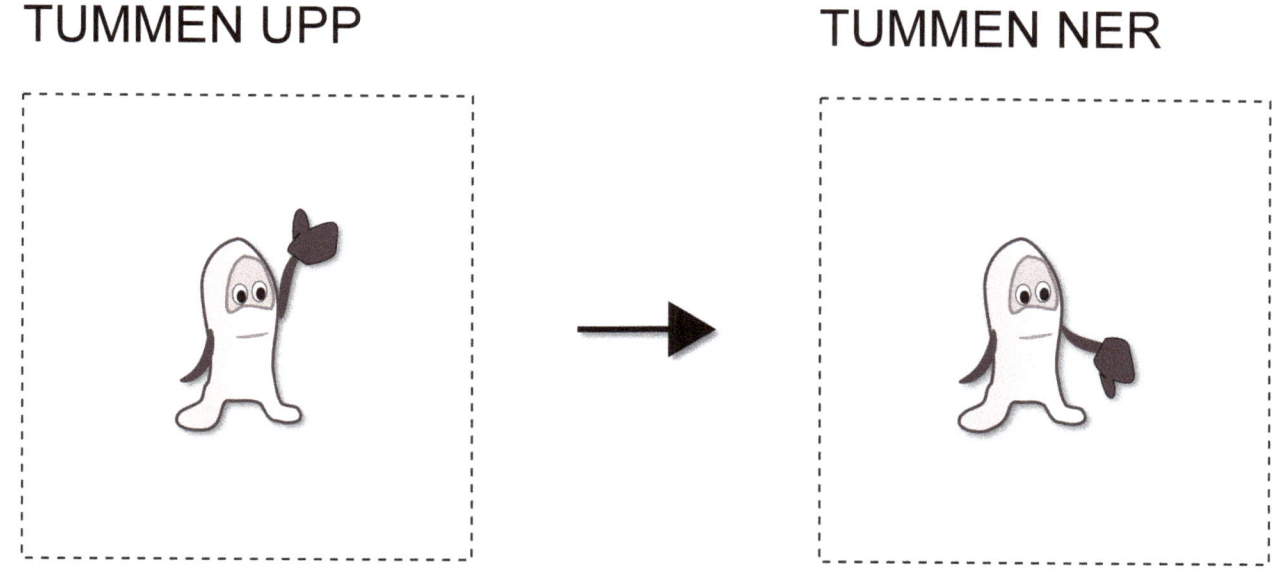

🟫 Vi ... torkar händerna ... tvättar händerna ... tar tvål ... blandar ... och bakar. Vilket är rätt?

(Klipp ut memorykorten. Spela memory och ge tummen upp eller ner för varje par.)

🟦 Hjälp Super-A att tvätta händerna! Vilken ordning är rätt?
(Klipp ut piktogrammen från sidorna i slutet.)

| 1 | 2 | 3 | 4 | 5 |

Pappa går och hämtar nappflaskan. Vem väntar på den? Lägg den röda Vänta-kepsen på Anton, lillebror eller mamma. (Klipp ut cirklarna och kepsen på nästa sida.)

Klipp ut till övningarna. Ovan: Tvätta händerna före/efter.

Ovan: Hjälp dem vänta på sin tur. Nedan: Lägg piktogrammen i rätt ordning.

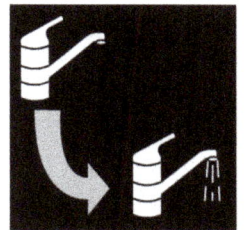    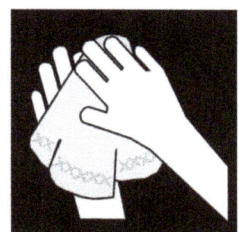

   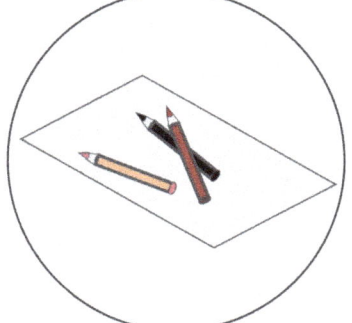

Ovan: Lägg till egna foton till cirklarna och lär barnet att vänta på saker.

 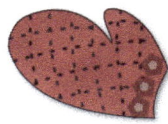  

Tvål   Ugnsvante   Smör   Ägg

Psst …! Det finns fler övningsböcker till första boken i serien om Anton och Super-A.

NYFIKNA tvättar sig & väntar med Anton och Super-A: Livskompetens för barn med autism och ADHD
NYFIKNAS Sysselbok 2 © Jessica Jensen och Be My Rails Publishing 2014
Detta verk är skyddat av lagen om upphovsrätt. Lärare får därmed inte kopiera övningsböckerna
i sin helhet eller som enstaka övningar i utbildningssyfte.
Övningsböckerna med Anton och Super-A får lamineras samt återanvändas för SAMMA elev.
Piktogram: www.sclera.be
ISBN 978-91-981522-7-2

Be My Rails Publishing

www.BeMyRails.com

   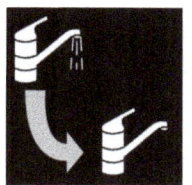  

Öppna kran   Ta tvål   Tvätta med tvål   Stäng kran   Ta handduk   Torka händer

Använd piktogrammen ovan med tåget Ralle Räls!
(Finns som utklipp i NYFIKNAS Sysselbok 1)

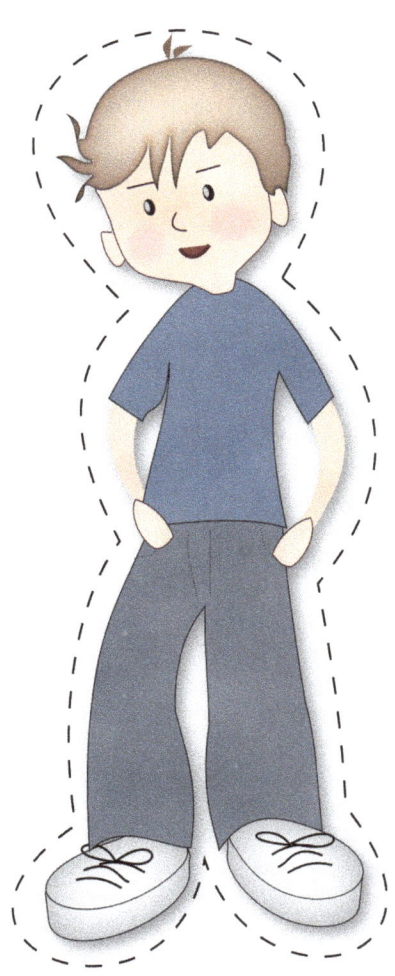

Våra kompisar från böckerna med Anton och Super-A.
Besök bemyrails.com och skriv upp dig för vårt nyhetsbrev,
så får du reda på när nästa bok eller övningsbok ges ut!

www.ingramcontent.com/pod-product-compliance
Lightning Source LLC
Chambersburg PA
CBHW041431040426
42444CB00022B/3493